MARCO AGISANDER LUNARDI

DICIONÁRIO DE INFORMÁTICA

DA SÉRIE
PRÁTICO E DIDÁTICO

UMA ÓTIMA FONTE DE CONSULTA PARA TODOS OS USUÁRIOS DA INFORMÁTICA

Dicionário de Informática
Copyright© Editora Ciência Moderna Ltda. 2006

Nenhuma parte deste livro poderá ser reproduzida, transmitida e gravada, por qualquer meio eletrônico, mecânico, por fotocópia e outros, sem a prévia autorização, por escrito, da Editora.

Editor: Paulo André P. Marques
Capa e diagramação: Katy Araújo Andrade
Copydesk: Tereza Queiroz Bonadiman
Revisão: Camila Cabete Machado
Assistente Editorial: Daniele M. Oliveira

Várias **Marcas Registradas** aparecem no decorrer deste livro. Mais do que simplesmente listar esses nomes e informar quem possui seus direitos de exploração, ou ainda imprimir os logotipos das mesmas, o editor declara estar utilizando tais nomes apenas para fins editoriais, em benefício exclusivo do dono da Marca Registrada, sem intenção de infringir as regras de sua utilização.

FICHA CATALOGRÁFICA

Lunardi, Marco Agisander
Dicionário de Informática
Rio de Janeiro: Editora Ciência Moderna Ltda., 2006.

Dicionários de Ciências Aplicadas; Dicionários de Tecnologia
I — Título

ISBN: 85-7393-530-8   CDD 603

Editora Ciência Moderna Ltda.
Rua Alice Figueiredo, 46
CEP: 20950-150, Riachuelo – Rio de Janeiro – Brasil
Tel: (0xx21) 2201-6662/2201-6492/2201-6511/2201-6998
Fax: (0xx21) 2201-6896/2281-5778
E-mail: lcm@lcm.com.br
www.lcm.com.br   11/06

A Deus, por ter permitido que eu escrevesse este livro.

Agradecimentos

Durante a produção deste livro, muitas pessoas ajudaram em seu desenvolvimento, e a todas agradeço, mas em especial a minha família: Ana Paula, minha esposa, e meus filhos, Thiago e Victoria. Agradeço também aos meus pais, que me ensinaram o que é certo, além de muitas outras coisas, e ao Sr. Paulo André e ao amigo George, da Editora Ciência Moderna, pelas muitas vezes em que tive dúvidas na publicação deste e dos outros livros.

SUMÁRIO

Introdução IX
Erratas XI
Como este livro está organizado XIII
Atenção XV
Capítulo Primeiro 1
Capítulo A 3
Capítulo B 13
Capítulo C 19
Capítulo D 25
Capítulo E 31
Capítulo F 33
Capítulo G 37
Capítulo H 39
Capítulo I 43
Capítulo J 47
Capítulo K 49
Capítulo L 51
Capítulo M 55
Capítulo N 61
Capítulo O 65
Capítulo P 67
Capítulo Q 73
Capítulo R 75
Capítulo S 79
Capítulo T 87

Capítulo U 91
Capítulo V 93
Capítulo W 95
Capítulo X 99
Capítulo Y 101
Capítulo Z 103

Introdução

Este livro segue a mesma linha dos anteriores, "Squid – Prático e didático", "Samba – Prático e didático", "Comandos Linux – Prático e didático" e "Redes de Computadores – Prático e didático", em que a idéia era escrever um livro tratando de determinado assunto mas de uma maneira objetiva, simples e clara, fazendo surgir a série "prático e didático".

Neste livro, iremos conhecer um pouco mais sobre o vasto mundo de termos usados na informática.

Não inventei nem tão pouco criei os termos utilizados aqui. Foram quase dois anos de pesquisa, tendo como fontes principalmente livros, revistas, jornais e sites na Internet. Eles não foram simplesmente "copiados e colados"; trata-se de uma seleção dos termos mais interessantes, importantes e até mesmo diferentes.

Assim como todo dicionário, este é destinado a tirar dúvidas sobretudo relacionadas a como se escreve e à função de determinado termo. Assim, o leitor deve ler algo mais aprofundado referente ao assunto que deseja.

Este livro se destina a todos os usuários da informática, desde um aluno até um administrador, independentemente do uso que faz da informática. Afinal, é sempre bom ter um dicionário por perto.

Bom, espero que este livro lhe sirva de guia e agradeço por tê-lo adquirido.

ERRATA

Espero que não haja erros neste livro, mas, caso encontre algum, por favor, comunique-me pelo e-mail marco@lunardi.biz. Terei grande prazer em corrigi-lo, inclusive para futuras edições.

Como este livro está organizado

Para tornar a leitura mais objetiva, o livro está dividido em capítulos, que são indexados conforme o termo escrito, exceto o "Capítulo Primeiro" que contém os termos iniciados por números.

ATENÇÃO

A Internet, assim como a informática, evolui muito rápido, e a cada dia parece que evolui num ritmo mais rápido ainda. As versões de aplicativos e endereços na Internet usados e comentados aqui podem não mais existir amanhã. Portanto, sempre verifique a última versão do aplicativo, se existem bugs divulgados, se a versão está estável etc. Nos casos de endereços na Internet, visite o endereço original ou subdiretórios do mesmo e observe inclusive se existe indicação para um novo link.

Capítulo Primeiro

1Base5

Ethernet de par trançado sem blindagem; velocidade de 1 Mbps a distância máxima entre a estação e o conector é de 500 metros. Não é muito utilizado.

10Base2

CheaperNet, ThinNet ou Thin Ethernet; velocidade de 10 Mbps; o tamanho máximo do cabo é de 200 metros.

10Base5

Ethernet espesso, o sistema de cabo especificado pela Dec e Xerox; velocidade de 10 Mbps; o tamanho máximo do cabo é de 500 metros.

10Base-F

Ethernet de fibra; utilizado entre estações de trabalho e um concentrador; velocidade de 10 Mbps; a média da distância é de 2,2 quilômetros.

10Base-T

Ethernet de par trançado; velocidade de 10 Mbps.

ABNT

Associação Brasileira de Normas Técnicas.,
Órgão responsável pela normalização técnica no país.
Acesso remoto
Habilidade de conexão com uma rede a distância.

ACK

Acknowledgement.
Corresponde a uma mensagem que confirma a recepção do pacote transmitido.

Acoplador Direcional

Dispositivo CATV utilizado em redes coaxiais dividindo o sinal de entrada desigualmente por duas saídas.

Adaptador de Terminal

Equipamento usado para ligar um TE2 (equipamento não RDIS) ao NT (RDIS). É comum designar este equipamento pela abreviatura TA. Conforme o tipo de TE2, existem vários tipos de TA, tais como TA V.24, TA X.21, TA V.35, TA a/b etc. Por exemplo, para ligar um equipamento analógico (telefone, fax, modem etc.) à RDIS, é usado um TA a/b.

ADM
Add Drop Multiplexor ou Multiplexador de Inserção/Derivação.
Multiplexador que insere ou deriva tráfego em um ponto intermediário de uma rota de transmissão.

Administrador
É a pessoa responsável pela manutenção e supervisão de um servidor ou de uma rede.

ADPCM
Adaptive Differential Pulse-Code Modulation.
Sistema de codificação analógico-digital que funciona em taxas de bits mais baixas que PCM regular, mas ainda preserva a qualidade do sinal original.

ADSL
Asymmetrical Digital Subscriber Line ou Linha de Assinante Digital Assimétrica
É uma tecnologia que possibilita a transmissão de dados, em altas velocidades, utilizando cabos telefônicos comuns. O sistema trabalha com velocidades assimétricas, ou seja, diferentes em cada sentido. No downstream, a ADSL atinge de 1,5 a 9 Mbps. No upstream, as taxas vão de 16 a 640 Kpbs.

ADSU
ATM Data Service Unit.
Dispositivo DCE usado como interface de um circuito ATM.

ADTF
ACR Decrease Time Factor.
No ATM, o tempo permitido entre células RM antes que ACR seja acrescido para ICR. A taxa é de 0,01 a 10,23 segundos em intervalos de 10 milissegundos.

AFI
Authority and Format Identifier.
No ATM, é a parte do endereço em formato NSAP que identifica o formato e o tipo de porção IDI do mesmo endereço.

AFNOR
Association Francaise de Normalisation.
Órgão francês responsável por centralizar e coordenar as atividades de normalização.

Agente
Um programa de computador ou processo que opera sobre uma aplicação cliente ou servidor e realiza uma função específica, como uma troca de informações.

Agregado
Linha ou circuito pelo qual trafegam dados multiplexados ou concentrados.

Algoritmo
Uma expressão lógica que resolve uma fórmula matemática complexa ou instruções de um programa. É usado como "chaves" para criptografia de dados.

Alias
Significa segundo nome ou apelido. Pode referenciar um endereço eletrônico alternativo de uma pessoa ou grupo de pessoas ou um segundo nome de uma máquina. É também um dos comandos básicos do Linux.

Alta Frequência
Expressão que designa uma freqüência superior às freqüências vocais. Em sentido restrito, corresponde às freqüências compreendidas em bandas de 3 a 30 MHz (ondas decamétricas).

AMI

Amplitude Mark Inversion.

Código de linha bipolar caracterizado pela alternância da polaridade dos impulsos representativos dos "0" e representando os "1" com tensão nula. Este código é utilizado, por exemplo, nos acessos RDIS, nos pontos de referência S e T. Os níveis de tensão dos "0" são +750 mV e -750 mV.

Amplitude

1. Valor máximo que alcança uma magnitude variável, como, por exemplo, uma corrente alternada. 2. Nível de um sinal (tensão ou corrente).

Amplitude de Banda

Extensão de uma banda de freqüências, ou seja, a diferença entre a freqüência mais alta e a mais baixa de um sinal de transmissão utilizada para transmitir voz, dados e informações de vídeo, geralmente expressa em kilohertz ou Megahertz.

Analógico

Modo de transmissão no qual os dados são representados por um sinal elétrico variando continuamente, transmitido por linhas telefônicas comuns.

Anonymous

Nome normalmente utilizado para login num servidor FTP, indica tratar-se de um usuário anônimo, ou seja, não cadastrado na máquina em questão. A password a fornecer em seguida deve ser o e-mail do usuário. Em geral, usuários anônimos têm acesso apenas a alguns arquivos do servidor, e não são todos os servidores que permitem o acesso.

ANSI

American National Standards Institute.

Uma organização independente, sem fins lucrativos afiliada à ISO e que é a principal organização norte-americana envolvida na definição de padrões (normas técnicas) básicos, como o ASCII.

Anúncio
Num roteador, é o envio das informações de roteamento e serviço atualizado periodicamente a outros roteadores da rede.

Apache
Servidor Web usado principalmente no Linux. Também possui uma versão Windows, que pode ser usada em substituição ao IIS da Microsoft.

API
Application Program Interface.
Linguagem e formato de mensagens usado por um aplicativo para se comunicar com o sistema operacional ou outro programa do sistema.

Aplicação
Programa que faz uso de serviços de rede, tais como transferência de arquivos, login remoto e correio eletrônico.

AppleTalk
Uma arquitetura de rede local da Apple que suporta o método de acesso proprietário AppleTalk, bem como Ethetnet e Token Ring.

ARP
Address Resolution Protocol.
É um protocolo do TPC/IP usado para resolver os endereços da rede local através do mapeamento do endereço físico (endereço MAC) para o endereço IP.

ARPANET
Advanced Research Projects Agency Network.
Rede de longa distância criada em 1969 pela Advanced Research Projects Agency (ARPA, atualmente Defense Advanced Projects

Research Agency, ou DARPA) em consórcio com as principais universidades e centros de pesquisa dos EUA, com o objetivo específico de investigar a utilidade da comunicação de dados em alta velocidade para fins militares. É conhecida como a rede-mãe da Internet de hoje e foi colocada fora de operação em 1990, posto que estruturas alternativas de redes já cumpriam seu papel nos EUA.

Arquitetura Aberta

Arquitetura compatível com hardware e software de muitos fabricantes.

ASE

Accredited Systems Engineer.
Certificação HP oferecida aos técnicos de hardware que se tornaram especialistas nas máquinas da empresa .

ASCII

American Standard Code for Information Interchange.
Pronunciado como "ásk 2", trata-se de um esquema de codificação que atribui valores numéricos às letras do alfabeto, números, sinais de pontuação e alguns símbolos especiais para ser usado em computadores e dispositivos de armazenamento eletrônico de dados.

ASIC

Application Specific Integrated Circuit (Port. Circuito Integrado de Aplicação Específica)
Microchip desenhado e fabricado para satisfazer necessidades específicas de um cliente. Também é chamado "microchip por medida".

ASP

Active Server Pages.
São páginas criadas dinamicamente pelo servidor Web, orientado por um programa em VBscript ou Javascript. Quando um browser solicita uma página do tipo ASP, o servidor constrói uma página HTML e a envia ao browser. A diferença entre uma página ASP e um documento

HTML clássico é que o segundo corresponde a um documento estático, que já se encontra no servidor no formato em que será exibido no navegador.

Assinatura

1. Um arquivo (tipicamente de três ou quatro linhas) que as pessoas inserem no fim de suas mensagens; 2. Ato de subscrever uma lista de discussão ou newsgroup; 3. Informação que autentica uma mensagem.

Assíncrono

Diz-se do equipamento ou da transmissão de dados na qual os caracteres transmitidos são enviados sem relógio de sincronismo entre o transmissor e o receptor. Cada caracter é uma unidade autônoma com seu próprio bit de parada e de início, usados para sincronizar o relógio interno do receptor.

ATAPI

Protocolo de comunicação entre dispositivos de CD/DVD e interfaces IDE.

ATBN

All Trunk Busy Number.
Número de ocorrências de ocupação simultânea, de todas as junções, num dado intervalo de tempo de análise do comportamento do feixe.

ATBT

All Trunk Busy Time.
Tempo de ocupação de todas as junções (referidas a dado feixe ou dado destino, em geral).

ATD

Asynchronous Time Division.
Técnica de multiplexagem temporal baseada na transmissão de blocos de informação de comprimento fixo (células) com identificação por cabeçalho.

ATDM

Asyncronous Time-Division Multiplexing.
É um sistema assíncrono TDM em que os time slots são atribuídos dinamicamente aos usuários conforme solicitado.

Atenuação

Enfraquecimento de um sinal à medida que se afasta do seu ponto de origem. A atenuação é medida em decibéis e pode ser um efeito indesejável nos casos em que um sinal transmitido ao longo de um cabo muito extenso perde a intensidade. Nas redes locais, a atenuação é corrigida com o uso de um dispositivo repetidor, que amplifica e limpa o sinal recebido antes de retransmiti-lo para os próximos nós. O controle de volume do rádio é um exemplo de atenuador.

ATM

Asynchronous Transfer Mode.
1. Uma tencnologia de comunicação de células capaz de processar dados, voz e vídeo em tempo real. O ATM é definido no padrão ISDN Broadband (RDSI de Faixa Larga) e proporciona largura de banda sob demanda, tarifando os usuários pela quantidade de dados enviados. A taxa de dados é expansível, começando com 2 Mbps com velocidades intermediárias de 25, 51 e 100 Mbps até 155 ou 622 Mbps indo à faixa dos gigabits.
2. Protocolo de Modo de Transmissão Assíncrona de Dados em blocos de 53 bits, atingindo velocidades a partir de 155 MB/s até 1,7Gb/s. Corresponde à futura tecnologia para redes de dados e permitirá, entre outras coisas, videoconferência em tempo real. No nosso caso, é a tecnologia usada para se interligar à central telefônica com as linhas residenciais que oferecem o serviço DLS.

ATMM

ATM Management.
Programa em switch ATM que controla as taxas de transmissão e a conversão VCI.

Audiofreqüência

Freqüência que é detectada pelo ouvido humano (15 Hz - 20 kHz).

AUI

Attachment Unit Interface.
Interface de rede usada na Ethernet com coaxial grosso; é um conector de 15 pinos.

Autosensing

Ajuste automático em condições de operação diferentes. Por exemplo, uma fonte de alimentação autosensing consegue fornecer alimentação adequada que esteja conectada em 115 ou 230 V.

Backbone

A interconexão central de uma rede internet. Pode ser entendido como uma espinha dorsal
de conexões que interliga pontos distribuídos de uma rede, formando uma grande via por onde trafegam informações.

Background

É o termo utilizado para indicar que um processo está sendo executado em segundo plano, ou seja, pode-se executar outros processos enquanto o processo em background está sendo executado.

backplane

A parte traseira do chassi de um equipamento em que estão localizados os conectores, cabos e componentes inseridos.

Backup

É uma cópia (o ato de copiar) de informações importantes.

Balun

Balanced unnbalanced.

Dispositivo que conecta uma linha balanceada, tal como um par trançado, a uma linha desbalanceada, tal como um cabo coaxial.

Banco de Dados

Genericamente, corresponde a qualquer coleção de informações organizadas de tal forma que seja possível localizar itens escolhidos. Os bancos de dados são estruturados em campos, registros e arquivos.

Banda Base

Transmissão em que os sinais digitais trafegam sem mudança em sua modulação ou que usa a largura de banda total do canal.

Bash

Interpretador de comandos compatível com sh, que executa comandos lidos da entrada padrão ou de um arquivo. O bash também incorpora características úteis de outros shells.

Baud Rate

Medida de taxa de transmissão elétrica de dados em uma linha de comunicação. Mede o número de sinais elétricos transmitidos por unidade de tempo.

BBS

Bulletin Board System.
É um sistema que, tipicamente, oferece serviços de correio eletrônico, repositório de arquivos (de programas, dados ou imagens) e outros serviços, tal como conversação on-line. Seus assinantes, usualmente, obtêm acesso através de linhas telefônicas (isto é, de voz) utilizadas via computador pessoal e modem.

BDC

Backup Domain Controller – controlador reserva.
O BDC duplica o SAM do PDC periodicamente. Ele tem duas funções numa rede:
• Tomar provisória ou definitivamente o lugar do PDC caso este último falhe (o BDC toma automaticamente o lugar do PDC, porém a promoção definitiva para PDC tem de ser manual).

- Atender a usuários de uma rede local que esteja "distante" do PDC. Exemplo: uma filial ligada à matriz por um link muito lento.

BERT/BLERT
Bit Error Rate Test/Block Error Rate Test.
Teste em que se mede a quantidade das transmissões de dados comparando os dados recebidos com um padrão de dados estabelecido e então contando o número de erros. As medidas são feitas com bits ou blocos.

Bidirecional
Habilidade de transferir ou transmitir em ambas as direções.

BIOS
Basic Input/Output System (Sistema Básico de Entrada/Saída).
Memória que contém instruções de um programa que consiste em acionar dispositivos periféricos de um computador.

Bit
Binary digit.
A menor unidade de informação em um sistema binário; um estado zero ou um. Transistor ou capacitor de uma célula de memória. Ponto magnético em um disco ou fita.

Bitmap
Mapa de bits. Formato de arquivo de imagem do tipo .bmp.

BITNET
Rede de computadores formada em maio de 1981 para interconectar instituições educacionais e de pesquisa, fazendo uso de um protocolo chamado RSCS *(Remote Spooling Communication System)*. Teve seu tráfego encerrado em 1996.

Bluetooth
Uma tecnologia de rede wireless de pequena distância.

Boot

Forma contracta da palavra inglesa bootstrap. Significa o processo inicial pelo qual um computador ou equipamento eletrônico precisa passar para ficar operacional. Sua origem vem de tempos antigos, em que existia um tipo de alça nas botas (daí o nome bootstrap) que era puxada e ajudava a calçá-las.

Bps

Uma medida da taxa de transferência real de dados de uma linha de comunicação (cabos, modens etc.). É dada em bits por segundo. Variantes ou derivativos importantes incluem Kbps (1.000 bps) e Mbps (1.000.000 bps).

Br

Código ISO de identificação do Brasil na Rede, é um tipo de sufixo de um endereço na Internet. Um endereço brasileiro na Internet, registrado no órgão de gerenciamento da rede por aqui, sempre tem esta sigla.

Bridge

Equipamento que serve para conectar dois segmentos de uma rede local que usem a mesma tecnologia, como, por exemplo, ethernet.

Broadcast

É o tipo de transmissão caracterizada pelo envio dos dados para todos os elementos da rede de comunicação ou de computadores.

Browser

A palavra "browse" significa examinar casualmente, e um browser é um programa que permite a navegação na Internet e a visualização das páginas Web.
O browser é um cliente para extração de informação em um servidor Web ou gopher. Tipicamente, um browser será um programa em um computador pessoal que acessará, através de uma linha telefônica,

um servidor (isto é, um programa que atende à demanda de clientes remotos) contendo informações de interesse amplo.

Programa para visualizar, folhear páginas na Internet. Navegador, software para navegação da Internet. Os mais utilizados são o Netscape Navigator e o Internet Explorer.

Byte
Binary Term.

É composto por oito bitse significa a unidade utilizada para codificar um caractere. Um byte permite codificar 256 elementos diferentes.

Cabeamento Estruturado

Técnica de disposição de cabos em um edifício caracterizada por uma configuração topológica flexível, facilitando a instalação e o remanejamento de redes locais.

Cabo UTP

Tipo de cabo mais utilizado nas topologias de redes de computadores atuais. É composto por quatro pares de cabos trançados entre si atingindo a velocidade de 155 milhões de bytes por segundo (155MBp/s). Pode alcançar até 100 metros entre duas conexões dentro da Categoria 5.

Categoria 5

Categoria máxima homologada para redes de dados que estejam dentro das normas-padrão EIA/TIA (Associações das Indústrias Elétricas e Telefônicas dos EUA). Garantia de uma rede atual e com funcionamento perfeito.

CCIE

Cisco Certified Internetwork Expert.
Certificação da CISCO que forma especialistas em administração de redes. É um dos títulos masi cobiçados do mercado, indicado para profissionais com larga experiência na área de redes.

CCITT

Comité Consultatif Internationale de Telegraphie et Telephonie.
Um órgão da International Telecommunications Union (ITU) das Nações Unidas que define padrões de telecomunicações. (Em 1993, foi extinto, e suas atribuições passaram para o ITU-TSS, Telecommunications Standards Section da ITU.)

CCNA

Cisco Certified Network Associate.
Grau mais baixo na hierarquia de certificações da CISCO. Forma especialistas em redes em início de carreira.

CDMA

Code Division Multiple Access (Acesso Múltiplo por Divisão de Código)
É um dos padrões utilizados nas redes digitais de telefonia móvel. O CDMA usa uma técnica de espelhamento espectral para a utilização de toda a largura de transmissão. Assim, uma grande número de pessoas acessa simultaneamente um único canal da antena celular sem que haja interferência.

CDMA 1X

Também conhecida com 1XRTT, ou Single Carrier (1X) Radio Transmission Tecnology. Solução que agrega à transmissão de dados por pacote nas redes CDMA a uma velocidade nominal de 144 Kbps. Na prática, ela alcança a casa dos 70 Kbps

Cell Relay

Mecanismo de comutação de pacotes cuja unidade com tamanho fixo é denominada célula. A tecnologia ATM é um exemplo de ambiente cell relay.

CERN

Trata-se do European Laboratory for Particle Physics, possivelmente o mais importante centro para pesquisas avançadas em física nuclear e de partículas, localizado em Genebra, Suíça. O nome CERN relaciona-se ao seu nome anterior, Conseil Europeen pour la Recherche Nucleaire. Para os usuários Internet, o CERN é conhecido como o local onde foi desenvolvido a Web.

Chave
Parâmetro utilizado para cifrar texto em ambiente de rede seguro.

Checksum
Tipo de detecção de erro baseado em uma operação de soma nos bits a serem conferidos.

Ciberespaço
1. Conjunto de computadores e serviços que constituem a rede Internet. Termo cunhado em analogia com o espaço sideral explorado pelos astronautas.
2. Espaço virtual onde a informação circula através de computadores. Espaço cibernético.

CIFS
Novo nome dado ao protocolo SMB que foi novamente estendido pela Microsoft.

Cliente
É um processo ou programa que requisita serviços a um servidor.

CNA
Certified Novell Engineer Administrator.
Primeiro degrau na certificação da Novell.

CNE
Certified Novel Engineer, certificação que forma engenheiros de redes com o aval da Novell.

Código-Fonte

Um conjunto de instruções (de um programa) que podem ser entendidas por um ser humano. Sem ele é muito difícil alterar ou conhecer um programa.

Colisão

É a condição na qual dois pacotes começam a ser transmitidos em um meio ao mesmo tempo. A interferência na transmissão faz com que os dois pacotes sejam incompreensíveis.

Compatibilidade Eletromagnética

A Compatibilidade Eletromagnética - EMC (Electromagnetic Compatibility) pode ser definida como a capacidade de um dispositivo ou sistema funcionar satisfatoriamente no seu ambiente eletromagnético sem introduzir, ele próprio, perturbações eletromagnéticas intoleráveis naquele ambiente. É, essencialmente, a ausência de EMI (veja Interferência Eletromagnética).
A EMC quer dizer que um equipamento é compatível com seu ambiente eletromagnético.

Conexão

Ligação entre computadores feita a distância que permite a comunicação de dados entre ambos.

Console

O mesmo que terminal no Linux.

Console Virtual

Forma de disponibilizar diversas telas que podem ser utilizadas simultaneamente pelo usuário para acessar o sistema. Uma tela é apresentada no monitor a cada vez e uma seqüência de teclas é utilizada para alternar entre os consoles. Por padrão, existem sete consoles virtuais.

Cookies

São pequenos programas que armazenam informações gerais. Ficam armazenados no computador quando entramos em algum site que utiliza os cookies para personalizar a navegação do internauta naquele determinado endereço. Permitem, por exemplo, que o servidor "identifique" o internauta na próxima vez que ele acessar o site, mostrando na entrada da página as opções vistas na visita anterior.

Correio Eletrônico

1. Sistema de troca de mensagens através de redes de computadores. As mensagens podem conter textos e outros tipos de arquivos em anexo (attachment). (veja e-mail)
2. Um meio de comunicação baseado no envio e recepção de textos, chamados mensagens, através de uma rede de computadores.

CPA

Central por Programa Armazenado.
Centrais telefônicas com sistemas digitais controlados por computadores de alta capacidade de processamento cujos terminais são os telefones.

Criptografia

Processo pelo qual se esconde a informação contra acessos de terceiros. Muito utilizado em transações feitas pela Internet. Utiliza chaves para garantir a segurança dos dados.

CROSSTALK

Tendência do sinal de um par de fios ser induzido em um par adjacente. D.G. Sigla para Distribuidor Geral. É um quadro que contém as conexões e organiza a distribuição de cabos de telefonia ou dados.

CSMA

Protocolo de controle de acesso baseado no múltiplo acesso ao meio de transmissão.

CSMA/CD

É uma implementação melhorada do protocolo CSMA na qual as estações terminam sua transmissão assim que uma colisão é verificada.

CAPÍTULO D

Daemon

Acrônimo para Dist and Execution Monitor. É um programa que trabalha em segundo plano (veja Background) no Linux e que é ativado quando necessário.

Datagrama

Pacote de informação e dados complementares, como endereço de destino, que é enviado através de uma rede de pacotes.

DBA

Database Administrator
Título concedido ao administrador de redes que possui uma certificação da Oracle em alguma ferramenta de base de dados, como o Oracle 9i.

DCE

Data Circuit Terminating Equipment.
É o dispositivo que provê a conversão de sinal e a codificação entre um DTE (Data Terminal Equipment) e a linha de transmissão.

DCE/RPC

Tipo de RPC (Remote Procedure Call), implementado pela Microsoft, utilizado em praticamente tudo o que se refere à administração de domínio, inclusive gerenciamento remoto do servidor.

É transportado por um "pipe" do SMB. Portanto, não é exatamente uma extensão do SMB, e sim um protocolo empilhado sobre ele. De qualquer forma, pelo uso massivo do DCE/RPC em domínios NT, torna-se essencial implementar esse protocolo em conjunção ao SMB.

DDN

Defense Data Network
Uma porção da Internet que conecta bases militares norte-americanas e seus fornecedores e é usada para comunicações não-confidenciais. MILNET é uma das redes DDN.

Dependências

São requisitos existentes entre os pacotes do Linux. Alguns pacotes podem depender de outros para serem instalados, e por isso programas que manipulam pacotes não instalam pacotes com dependências não resolvidas.

DHCP

Dynamic Host Configuration Protocol.
É um protocolo usado para que um computador conectado a uma rede local obtenha as suas configurações automaticamente a partir de um servidor, reduzindo assim o trabalho de se administrar a rede.

DHTML

HTML dinâmico. Refere se a páginas Web cujo conteúdo se modifica sem intervenção direta do webmaster. Uma mesma página pode ser vista de forma diferente, dependendo de variáveis como a localização geográfica do internauta, a hora da visita, as páginas anteriores já visitas e as preferências do usuário. Várias tecnologias são usadas para produzir HTML dinâmico: scripts CGI, Server Side Includes (SSI), cookies, Java, Javascript e ActiveX.

Dial-Up

Método de acesso a computador remoto (ou rede) que se dá via rede de telefonia convencional.

DIMM

Dual In-line Memory Module.
Arquitetura de 64 bits utilizada nos módulos de memória e soquetes da placa mãe. Diferentemente do padrão SIMM, permite o uso de um pente de memória de cada vez.

Diretório Raiz

É o diretório presente no topo da árvore de diretórios do sistema, ou seja, não possui nenhum diretório acima dele. No Linux, é denominado por um "/".

Disco Rígido Removível

Um HD contido num compartimento (tipo um cartucho especial ou uma gaveta) que lhe permite ser encaixado e retirado de seu local de funcionamento, como, por exemplo, conexões USB. Combina portabilidade com alta capacidade de armazenamento.

Dispositivos

Existem dois tipos de dispositivos: de bloco e de caractere. Um dispositivo de bloco armazena em blocos de tamanho fixo, cada um deles com o endereço próprio (o disco rígido é um exemplo). Um dispositivo de caractere libera ou aceita um conjunto de caracteres sem endereçamento, desrespeitando a estrutura de bloco (por exemplo, um mouse). Os dispositivos podem ser acessados no Linux através do diretório /dev.

DMZ

Zona Desmilitarizada.
Função de alguns firewalls que possibilita criar uma área fora da rede ou em algum computador para acesso irrestrito à internet. É útil para rodar aplicativos como jogos online e videoconferência, que podem não funcionar bem quando a conexão é intermediada por um proxy.

DNS

Domain Name System.

É um serviço e protocolo da família TCP/IP para o armazenamento e consulta a informações sobre recursos da rede. A implementação é distribuída entre diferentes servidores e trata principalmente da conversão de nomes Internet em seus números IP correspondentes.

Domínio

Nome que identifica um site de uma pessoa, empresa ou instituição na Internet. Exemplo: www.lunardi.biz

Domínio Público

Programa disponível publicamente, segundo condições estabelecidas pelos autores, sem custo de licenciamento para uso. Em geral, o software pode ser utilizado sem custos para fins estritamente educacionais e não tem garantia de manutenção ou atualização. Um dos grandes trunfos da Internet é a quantidade praticamente inesgotável de software de domínio público, de excelente qualidade, que circula pela rede.

Download

1. Ato de "baixar" e carregar um programa, ou seja, fazer a transferência de arquivos de um computador remoto para seu computador através da rede.
2. Processo de transferência da cópia de um arquivo presente em um computador remoto para outro computador através da rede. O arquivo recebido é gravado em disco no computador local. O computador de onde os dados são copiados é subentendido como "maior" ou "superior" segundo algum critério hierárquico, enquanto o computador para o qual os dados são copiados é subentendido como "menor" ou "inferior" na hierarquia. O sentido literal é, portanto, "puxar para baixo".
3. Termo usado para designar o processo de obtenção de informações de uma rede para um computador.

DRAM

Dynamic Random Acces Memory (Memória Dinâmica de Acesso Aleatório).

Representa diferentes tipos de memória: EDO RAM, SDRAM, DDR-RAM, RD-RAM e por aí vai...

Driver

É um programa que controla um dispositivo. Ele age como um tradutor entre o dispositivo e os programas que o utilizam, como, por exemplo, impressora, placa de vídeo etc.

DSL

Digital Subscriber Line. É um método de transmissão de informações em alta velocidade utilizando linhas telefônicas comuns.

DTE

Data Terminal Equipment.
É o dispositivo terminal de dados que gera um sinal a ser transmitido na rede da informação do usuário.

E-Mail

Do inglês "eletronic mail" (correio eletrônico). Endereço eletrônico para envio de mensagens na Internet. Exemplo: marco@lunardi.biz

EIA/TIA

Sigla para União da Associação das Indústrias de Telefonia e Associação das Indústrias de Elétrica dos Estados Unidos. Elas criaram as normas que regulam a instalação de redes de dados com o uso de cabos de par trançado (cabos UTP).

Emoticons

São pequenas imagens para expressar um estado emocional. Este recurso é utilizado para enviar mensagens escritas para ajudar o leitor a entender qual era o seu estado emocional quando enviou uma determinada mensagem.

Emular

Capacidade de um programa ou dispositivo imitar outro programa ou dispositivo. Uma emulação é feita por uma combinação de hardware e software, possibilitando que sistemas previamente incompatíveis trabalhem e se comuniquem. Softwares de comunicação freqüentemente oferecem drivers de emulação de terminal para que a máquina possa emular um terminal em particular.

Endereço IP

É um endereço de 32 bits, geralmente divididos em quatro grupos separados por pontos (por exemplo, 192.168.10.1), que serve para identificar um computador ligado à rede. É possível também que um computador possua vários endereços IP.

Ethernet

Tecnologia mais comum para se interligar computadores que estão conectados a um mesmo segmento de uma rede local. Fazendo uma analogia com uma conversa entre duas pessoas, é necessário que se tenha o ar (para que o som se propague), o som (para que se possa enviar os fonemas) e o idioma (para que se possa codificar os fonemas). A ethernet, nessa analogia, seria o som.

Um padrão muito usado para a conexão física de redes locais, originalmente desenvolvido pelo Palo Alto Research Center (PARC), da Xerox, nos EUA. Descreve protocolo, cabeamento, topologia e mecanismos de transmissão.

ETHoA

Ethernet over ATM.
Protocolo que "transforma" em ethernet uma conexão feita com a tecnologia ATM.

Exportar

Um modo de formatar dados para que possam ser utilizados por outra aplicação. Este termo é utilizado também quando se deseja que uma certa aplicação (ou máquina, diretório, sistema de arquivos) possa ser visualizada por outra máquina.

FAQ

Frequently Asked Questions (Perguntas Mais Freqüentes).
Perguntas e respostas das questões e dúvidas mais freqüentes sobre um assunto.

Fast-Ethernet

Padrão de rede local do tipo Ethernet que atinge velocidades maiores (entre 80 e 100Mb/s).

FDDI

Fiber Distributed Data Interface.
Um padrão para o uso de cabos de fibras óticas em redes locais (LANs) e metropolitanas (MANs). A FDDI fornece especificações para a velocidade de transmissão de dados (alta, 100 Mbps), em redes em anel, podendo, por exemplo, conectar 1.000 estações de trabalho a distâncias de até 200 km.

Fibra Óptica

Tipo de cabo feito de cristal de quartzo muito fino que permite o tráfego de grandes pacotes de informações em altíssima velocidade (2 bilhões de bits por segundo-2GBp/s) por meio de luz de 850 nanômetros de comprimento de onda, (multimodo) e que em geral é utilizado para a troca de pulsos informações entre grandes distâncias (aproximadamente 2,5 km).

Fibre Chanel

Tecnologia de rede projetada para altas taxas de transferências entre dispositivos de armazenamento e computadores.

FidoNet

Rede mundial de BBS, baseada no uso do protocolo Fido, interligando computadores pessoais via linhas telefônicas.

Foo

Uma palavra comumente usada para exemplificar qualquer coisa em literatura técnica na área de informática. Por exemplo, ela aparece freqüentemente em exemplos de nomes de domínios, como ana@foo.bar.com.

Formatar

Preparar uma mídia (geralmente um disco rígido ou um disquete) para leitura ou escrita. Durante o processo de formatação, o sistema operacional remove a informação, testa a mídia para verificar a sua confiabilidade (verificando as partes danificadas) e cria um novo sistema de arquivos.

Finger

Um serviço Internet que permite obter informações sobre usuários de uma máquina.

Firewall

1. Um sistema de segurança de rede, cujo principal objetivo é filtrar o acesso a uma rede.
2. Barreira de segurança baseada em hardware e software que protege a rede corporativa contra acessos externos não autorizados, como, por exemplo, os hackers da Internet. É o ponto de conexão da rede com o mundo externo - tudo o que chega passa pelo firewall, que decide o que pode ou não entrar, dependendo do nível de segurança criado pela empresa.

Firmware

Software armazenado dentro de um equipamento ou computador, de tal maneira que ele não se apague quando o equipamento for desligado.

Frame

Um frame (quadro) é a informação contida na unidade do nível de enlace no modelo OSI.

Frame-relay

Protocolo que permite a conexão (com largura de banda ajustável de acordo com a demanda) entre duas redes locais através de uma rede pública utilizando comutação por pacotes.

Freqüência

Medida pela qual uma corrente elétrica é alternada, em hertz.

Freenet

Uma máquina na Internet que é dedicada a acesso pela comunidade sem cobrança de taxa. O acesso é fornecido através de bibliotecas públicas ou acesso dial-up. Oferece serviços de BBSs, correio eletrônico e acesso (restrito, em geral) à Internet.

Freeware

Comumente é grátis (veja Domínio Público).

FTP

File Transfer Protocol.
Protocolo padrão da Internet, usado para transferência de arquivos entre computadores.

FTP Anônimo

Serviço que possibilita o acesso a repositórios públicos de arquivos via FTP.

FYI

For Your Information.

Uma série de artigos sobre a Internet. FYIs similares às RFCs, mas possuem conteúdo consideravelmente menos técnico e não definem novos padrões.

Gateway

1. Sistema que possibilita o intercâmbio de serviços entre redes com tecnologias completamente distintas, como FidoNet e Internet; 2. Sistema e convenções de interconexão entre duas redes de mesmo nível e idêntica tecnologia mas sob administrações distintas. 3 Roteador (terminologia TCP/IP).

GIF

Graphic Interchange Format –
Formato gráfico utilizado em imagens e com grande capacidade de compressão. A maioria das imagens animadas na Internet é feita nesse formato. Foi desenvolvido pela Compuserve e pode comprimir figuras a até 1 centésimo do tamanho original. A taxa de compressão varia muito, dependendo da imagem; quanto mais redundante a figura, maior a compressão. Para imagens complexas, sem padrões repetitivos, o melhor que se consegue é reduzir o tamanho a cerca de 80% do original. A principal limitação deste formato é que suporta apenas 256 cores. Dentre as vantagens estão os recursos de transparência de fundos e animações.

GNU

GNU is Not Unix.

Apesar de desenvolver e se beneficiar com ferramentas Linux/Unix, não pode ser confundido com o Linux/Unix. GNU é produto da *Free Software Foundation* que visa fornecer seus programas com códigos totalmente disponíveis.

Gopher

Um sistema distribuído para busca e recuperação de documentos, que combina recursos de navegação através de coleções de documentos e bases de dados indexadas, por meio de menus hierárquicos. O protocolo de comunicação e o software seguem o modelo cliente-servidor, permitindo que usuários em sistemas heterogêneos naveguem, pesquisem e recuperem documentos armazenados em diferentes sistemas, de maneira simples e intuitiva.

GRUB

Carregador Unificado (Grand Unified Bootloader).

É o carregador oficial utilizado no *Conectiva Linux* que, no processo de inicialização, mostra os sistemas operacionais disponíveis, possibilitando escolher em qual se deseja trabalhar.

Grupo

Determina uma certa classe de usuários com as mesmas permissões e restrições a algum projeto ou ao sistema. Facilita o gerenciamento de acessos a determinados recursos, por motivos de segurança.

HDLC

Hight Level Data Link Control.

Protocolo de comunicação ISSO usado em redes de comunicação de pacotes x25. Ele tem correção de erros na camada de enlace de dados. SDLC, LAP e LAPB são subconjuntos de HDLC.

HDSL

Hight-bit-rate Digital Subscriber Line.

Tecnologia para transmissão a taxas de dados na ordem de Mbps, usando linhas telefônicas comuns. O HDSL usa um método de codificação derivado do ISDN.

Hertz

Unidade de medida para definir freqüência, em ciclos por segundo.

Hijacking

É o seqüestro de uma sessão, geralmente TCP/IP. O seqüestro é uma forma de obter o controle de uma conexão iniciada por um usuário legítimo. Ao interceptar essa conexão, o hacker ou cracker pode tomar o lugar do usuário legítimo, pois essa conexão já passou pelo sistema de autenticidade.

Hiper LAN

Sigla de High Performance Radio Local Area Network.
É um conjunto de padrões desenvolvido pelo European Telecommunications Standards Institute. Usada principalmente na Europa, a HiperLAN é similar ao 802.11.

Hipertexto

Destaque de palavras, geralmente sublinhadas, em um texto que remete a outros locais (texto, imagem ou site), permitindo uma leitura não-linear.
Exemplos: páginas da Web e a ajuda do Windows.

HIPPI

Padrão ANSI para canais de comunicação de alta velocidade que usa cabo de 32 ou 64 bits e transmite de 100 a 200 Mbytes/s.

Home Page

Primeira página de um site na Internet. Tornou-se sinônimo de endereço web.

Host

Em português, hospedeiro. Computador que hospeda, guarda as informações para uma rede; no caso, a Internet.

HSSI

High Speed Serial Interface.
Padrão de conexão serial para transmissão até 52Mbps.

HTML

HyperText Markup Language.
Linguagem de programação básica da Internet. Permite ao browser exibir textos e outros recursos multimídia de um site, ou seja, uma página na Internet.

HTTP

HyperText Transfer Protocol.–

Protocolo ou padrão de transferência de arquivos html através da Internet. Usado para acessar informações na Web.

Hub

Dispositivo de conexão eletrônica entre o servidor e os outros micros de uma rede do tipo Estrela. Pode ser passivo, apenas distribuindo o sinal; ativo, que possui um repetidor que regenera o sinal; inteligente, que permite monitoração dos micros; ou chaveado, que funciona fechando conexões não utilizadas e acelerando a velocidade de transmissão.

Ícone

Pequenas imagens que sugerem a atividade a ser realizada.

IDE

Integrated Drive Electronics (Dispositivo Eletrônico Integrado).
Interface padrão utilizada para conectar discos rígidos e CD-ROM em um computador. Também um Ambiente Integrado de Desenvolvimento (Integrated Development Environment), que consiste em um ambiente de programação dentro de uma outra aplicação.

iDEN

Integrated Digital Networks.
É uma tecnologia de comunicação sem fio criada pela Motorola. Integra os recursos de telefonia celular digital, rádio bidirecional e envio de dados por pacotes a 22 Kbps.

Imagens Digitais

Imagens armazenadas em formato digital. A viabilização da sua utilização é decorrente da melhoria dos sistemas computacionais atuais.

Impedância

Oposição ao fluxo dinâmico corrente em um meio de transmissão.

Inicialização

É a seqüência de operações executadas a partir do momento em que o computador é ligado até o sistema estar pronto para utilização.

Interface Gráfica

É um intermediário entre o usuário e o computador, possibilitando uma interação gráfica entre ambos. O usuário tem acesso ao computador através de ícones, janelas ou botões, contendo softwares que mostram graficamente as atividades e tarefas que a máquina está executando.

Interferência Eletromagnética

A EMI (Electromagnetic Interference) É um distúrbio provocado pelos circuitos internos dos equipamentos eletro-eletrônicos (rádios, computadores, lâmpadas etc.) e também por eventos naturais que atingem a rede elétrica (descargas atmosféricas), causando resposta indesejada, mau funcionamento ou degradação de performance de equipamentos.

É caracterizada por uma degradação no desempenho de um equipamento devido a uma perturbação eletromagnética que é capaz de se propagar tanto no vácuo quanto por meios físicos. Com isso, é possível verificar suas conseqüências a quilômetros de distância, como é o caso das descargas atmosféricas.

Internet

Significa a "rede das redes". Originalmente criada nos EUA, tornou-se uma associação mundial de redes interligadas que utilizam protocolos da família TCP/IP. A Internet provê transferência de arquivos, login remoto, correio eletrônico, news e outros serviços.

É a maior rede de computadores do mundo.

Intranet

Rede particular usada em empresas e instituições. Utiliza a tecnologia do ambiente Web da Internet, porém com acesso restrito aos usuários desta rede privada.

IP

Internet Protocol.

É o protocolo responsável pelo roteamento de pacotes entre dois sistemas que utilizam a família de protocolos TCP/IP, desenvolvida e usada na Internet. É considerado o mais importante dos protocolos em que a Internet é baseada.

IPX

Internet Packet Change.

Protocolo de comunicação do Novell NetWare que cria, mantém e finaliza conexões entre dispositivos de rede, tais como estações de trabalho e servidores.

IRC

Internet Relay Chat.

Serviço que possibilita a comunicação escrita on-line entre vários usuários pela Internet. É a forma mais próxima do que seria uma "conversa escrita" na rede.

ISDN

Integrated Services Digital Network.

É um serviço totalmente digital capaz de transmitir digitalmente dados codificados, voz, vídeo e outros sinais na mesma linha. O ISDN exige cabeamento metálico e modems especiais. Trabalha com dois canais de 64 Kpbs, o que permite transmitir a 128 Kpbs.

ISO

International Organization for Standardization.

Uma organização internacional formada por órgãos de diversos países que discute, especifica e propõe padrões para protocolos de redes. Muito conhecida por ter estabelecido um modelo de sete camadas que descreve a organização conceitual de protocolos, o OSI.

ITU

International Telecommunications Union.
Órgão da ONU responsável pelo estabelecimento de normas e padrões em telecomunicações.

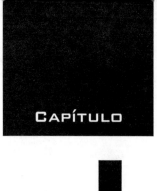

Jabber

1. Dados aleatórios enviados continuadamente por uma estação com problemas em sua lógica ou circuito.
2. No IEEE 802,3, um pacote de comprimento excedente ao padrão prescrito.

JAVA

Linguagem de programação criada pela Sun Microsystems. Permite baixar pequenos programas (Applets) que são ativados na própria máquina do usuário. Foi criada para ser utilizada em qualquer tipo de computador.

JPEG ou JPG

Joint Photographic Experts Group.
Formato de arquivo de imagens comprimidas. O padrão JPEG foi criado pelo Joint Photographic Experts Group. As imagens em JPG aceitam que o grau de compactação seja definido pelo usuário. Quanto menor o arquivo obtido, menor será a qualidade da imagem, embora o número de cores seja maior (16,7 milhões). O padrão JPEG é mais adequado para imagens mais complexas, como fotos que apresentam muitas cores e detalhes.

Jscript

Script Java.
Alguns até consideram como uma linguagem de programação.

Kermit

Um programa popular de transferência de arquivos e emulação de terminal.

Kernel

É o núcleo de um sistema operacional. O kernel controla praticamente tudo: gerencia e controla o acesso ao sistema de arquivos; gerencia a memória, a tabela de processos e o acesso aos dispositivos e periféricos; entre outras tarefas.

Kbps

Quilobps (veja bps).

Kbyte

Quilobyte: 1024 bytes (veja byte).

CAPÍTULO L

LAN

Local Area Network (Rede de Área Local).)
Definida por uma rede de computadores restrita à uma mesma área, como por exemplo um edifício comercial ou uma fábrica.

LAWN

Local Area Wireless Network. Também conhecida como WLAN, de Wireless Local Area Network, ou rede local sem fio.

Band Width

Largura de banda.
Capacidade de um determinado canal (fibra ótica, fio de cobre) de transmitir informações. No Brasil, as linhas telefônicas convencionais utilizadas para transmissão de dados da Internet normalmente permitem uma largura de banda de 28 Kbps.

Latex

Linguagem utilizada para formatação de texto. A linguagem fornece macros que facilitam a formatação.

Layer

É um grupo de serviços e funções concebidos em um modelo de protocolos. A idéia é que um nível (layer) agrupe os protocolos com funções e serviços relacionados.

LBRV

Low Bit-Rate Voice.
Técnica de amostragem de voz que analisa a cada 15 ou 30 milissegundos de conversação independentemente e a converte em um quadro de 30 bytes.

LBS

Location Based System.
Programa de localização que usa a triangulação das antenas de celulares (ERBs) para encontrar a célula em que se está naquele momento. A margem de erro é de 10 metros.

LED

Light Emitting Diodes.
São componentes eletrônicos (diodos) que quando ativados emitem luz. A grande maioria das "luzinhas" que vemos nos aparelhos eletrônicos são leds. Eles existem em diversas cores, sendo as mais comuns verde, vermelho, âmbar e azul.

LILO

Linux Loader (Carregador do Linux).
O LILO é um carregador (gerenciador de boot) de sistemas operacionais para sistemas Linux, em plataformas Intel e compatíveis. Ele é acionado durante a inicialização do sistema (veja Grub).

Linha Pupinizada

Linha telefônica com bobinas instaladas para aumentar a indutância e minimizar a distorção de amplitude.

Link

Ligação.
Na Internet, uma palavra ou imagem em destaque que faz ligação com outra informação. Os links permitem a leitura não-seqüencial de um documento e são indicados nas páginas WEB pelo símbolo da mãozinha

no lugar do cursor do mouse. Resumindo, é uma seqüência de códigos que permitem vincular um documento ao outro.

Linux

Sistema operacional multitarefa e multiusuário criado por Linus Torvalds, que possui alto desempenho e pode rodar tanto em servidores como em computadores domésticos, oferecendo um ambiente estável.

Listserv

Servidor de listas de discussões.

LLC

Logical Link Control.
Protocolo desenvolvido pelo comitê 802 do IEEE para controle de transmissão de dados na camada de enlace.

Login

É o ato de entrar no sistema, fornecendo o nome do usuário e sua senha. Também pode significar um sinônimo para *nome de usuário*.

Login Remoto

Acesso a um computador via rede para execução de comandos. Para todos os efeitos, o computador local, usado pelo usuário para "logar" no computador remoto, passa a operar como se fosse um terminal deste último.

LOS

Line Of Sight (Linha de Visão).
Em tecnologias de radiofreqüência, indica um caminho livre entre o transmissor e o receptor. Obstáculos como árvores, prédios e montanhas podem obstruir a comunicação. O caminho parcialmente obstruído entre os pontos de transmissão e recepção é indicado como NLOS, ou seja, quase linha de visão (Near Line Of Sight).

LP

Linha privada de telefonia (um link) utilizada por empresas para aumentar a segurança e velocidade de transmissão de dados.

MAN

Metropolitan Area Network (Rede metropolitana).
Uma rede com tecnologia que opera à alta velocidade (de centenas de megabits por segundo a alguns gigabits por segundo) e que tem abrangência metropolitana.

Máscara

Número que complementa o endereço IP de um computador. Usado para se obter o endereço da rede IP a partir do endereço IP de um computador dessa rede.

MAU

Media Access Unit (Unidade de Aceso de Mídia).)
Dispositivo que serve como transceiver em uma rede do tipo Ethernet.

MBits

Taxa na qual os dados podem ser transmitidos, equivalente a um milhão de bits.

Mbps

Velocidade de transmissão de dados, equivalente ao envio de um milhão de bits por segundo (vja bps).

MBR

Master Boot Record (Registro Mestre de Inicialização)).
É o primeiro setor físico de um disco rígido no sistema. Ao inicializar o sistema, o BIOS carrega o conteúdo do MBR para um endereço fixo na memória e entrega a ele o controle, sendo que este código carrega o sistema operacional de uma partição ou, no caso, um programa que faça esse trabalho, como, por exemplo, o GRUB, LILO etc.

MCP

Microsoft Certified Professional
Um dos cursos da Microsoft.

MCSE

Microsoft Certified Systems Engineer
Um dos cursos mais altos das certificações profissionais da Microsoft.

Megabyte

Megabyte: 1024 quilobytes (veja byte).

Memória RAM

Random Access Memory
Memória volátil, de acesso não-seqüencial, interna ao computador, onde os programas são executados, da ordem de centenas de milhões de caracteres.

Memória ROM

Read Only Memory (Memória Apenas para Leitura)
É instalada no hardware de computadores para conter rotinas básicas ligadas ao seu funcionamento.

MHz

Milhão de Herts.
Medida de freqüência por segundo de um sinal de tensão sob a qual a informação de dados é transmitida.

MIB

Management Information Base.
É uma base de informação padronizada utilizada para gerência de rede.

MIME

Multipurpose Internet Mail Extensions (Extensões de e-Mail para Múltiplos Propósitos) *()*.
Extensão que permite o envio de arquivos que não sejam texto via e-mail, como imagens, áudio e vídeo.

Mirror

Um "Mirror Server" é um servidor-espelho de um site que oferece um grande número de arquivos para download, tornando mais rápido a transferência de programas indispensáveis para o internauta e aliviando a largura de banda do provedor.

Modem

MOdulator/DEModulator (Modulador/Demodulador).)
Dispositivo que converte informação digital em informação para ser transmitida por uma linha telefônica e vice-versa.

Módulo

No Linux, um módulo é uma coleção de rotinas que executam funções de sistema, podendo ser dinamicamente carregados e descarregados do kernel em execução. Normalmente contém programas de controle de dispositivos e é bastante dependente do kernel.

Mosaic

Um programa cliente de fácil utilização projetado para procura de informações disponíveis na Web. Distribuído como freeware, o Mosaic foi criado pelo National Center for Supercomputing Applications (NCSA), dos EUA, e tem capacidade multimídia.

MPEG

Moving Pictures Experts Group.

Começou a ganhar vida no final de 1988, pelas mãos de Leonardo Chairigloione e Hiroshi Yasuda, com o objetivo imediato de padronizar a compressão de vídeo e áudio para CD. É um formato de compressão de arquivos de vídeos que possibilita apresentar vídeos com resolução de pelo menos 30 quadros por segundo. O padrão MPEG 2 é usado nos DVD-ROMs e pode operar com imagens de até 1.280 por 720 pixels, a 60 quadros por segundo e com qualidade de som de CD.

MPEG 3

MPEG camada 3.

É um sistema de gravação de áudio definido para a HDTV. A capacidade de compactação sem praticamente perda de qualidade é na razão de 12 para 1. Os arquivos de áudio com esse padrão têm extensão MP3.

MPEG4

O padrão MPEG-4 está em desenvolvimento e se direcionando para as necessidades em torno do aumento da disponibilidade de conteúdo audiovisual em forma digital. Diferente da codificação linear de áudio e vídeo do MPEG-1/2, a codificação MPEG-4 é baseada em objetos, isto é, as cenas audiovisuais são codificadas em termos de objetos. Um Objeto pode ser uma imagem ou um vídeo, como um carro em movimento ou uma fotografia de um cão. Também pode ser um objeto de áudio, como um instrumento de uma orquestra ou o latido de um cão. A associação de um áudio e um vídeo é chamada de objeto audiovisual. Um novo conjunto de aplicações usará MPEG-4, tais como videoconferência, comunicações móveis, acesso a vídeo de servidores remotos para aplicações multimídias, jogos etc. Atualmente, o grupo MPEG-4 está voltado para os trabalhos na televisão digital, aplicações gráficas interativas e World Wide Web. O padrão MPEG-4 consiste em três camadas: sistema, áudio e vídeo.

Multicast

Um endereço para uma coleção específica de nós numa rede, ou uma mensagem enviada a uma coleção específica de nós. É útil para aplicações como teleconferência.

Multimídia

Recurso computacional que permite utilizar texto, imagem, som e animação para maior interação com o usuário.

Multiplexação

É a técnica utilizada para o compartilhamento de enlaces na comunicação de dados nas redes de comunicação e de computadores. A multiplexação também representa a operação de compartilhamento de protocolos das camadas inferiores pelas superiores. Um exemplo é a multiplexação do IP.

Multiponto

É uma tecnologia em que três ou mais dispositivos compartilham o mesmo meio físico. Exemplos de redes multiponto são Ethernet e a Token-Ring.

NAPT

Network Address Port Translation.

Também conhecido como PAT, é uma espécie de extensão do NAT em que se pode definir uma tradução para endereços privados baseada na porta de conexão.

NAT

Network Address Translation.
Protocolo que permite a tradução de endereços de rede. É bastante usado para economizar endereços IP. Com NAT pode-se usar IPs privados (falsos) dentro de uma rede local e apenas um único IP real fora da rede. Assim, toda informação terá o seu endereço de rede privado trocado pelo real quando for enviada para fora da rede local; quando uma resposta retornar, ela também terá o endereço privado restaurado antes de entrar na rede local.

Navegação

Ato de conectar-se a diferentes computadores da rede distribuídos pelo mundo usando as facilidades providas por ferramentas como browsers Web. O navegante da rede realiza uma "viagem" virtual explorando o ciberespaço, da mesma forma que o astronauta explora o espaço sideral. Cunhado por analogia ao termo usado em astronáutica.

Net
Popularmente, a Internet, a rede.

NetBEUI
Protocolo de transporte do NetBIOS. Nada mais é que um pacote NetBIOS puro dentro de um pacote de rede em modo broadcast. O NetBEUI, por ser tão simples, não é roteável, ou seja, não pode ser facilmente usado em inter-redes.
Esse protocolo de transporte caiu em desuso em favor do TCP/IP, que é roteável.

NetBIOS
Um protocolo desenvolvido nos anos 80 para suporte à integração de diversos computadores, numa rede não-hierárquica. Suas principais características são:
simplicidade de implementação;
não precisa de servidor dedicado;
acesso aos diversos nós por nomes em vez de endereços numéricos;
resolução de nomes para endereços de rede através de técnicas de broadcast;
suporte muito fraco a inter-redes.

Netiqueta
Um conjunto de regras de etiqueta para o uso socialmente responsável da Internet, ou seja, o modo como os usuários devem proceder na rede, especialmente na utilização de correio eletrônico.

Netnews
Usenet News, Usenet ou News. Serviço de discussão eletrônica sobre vasta gama de assuntos, cada qual ancorado por um grupo de discussão.

Newsgroup
Grupo temático de discussão do netnews.

NFS

O Network File System, desenvolvido pela Sun Microsystems Inc., é um protocolo que usa IP para permitir o compartilhamento de arquivos entre computadores.

NIC

Network Informations Center.
Centro de informação e assistência ao usuário da Internet que disponibiliza documentos, como RFCs, FAQs e FYIs, realiza treinamentos etc.

NIS

Network Information System (NIS).
É um sistema distribuído de bases de dados que troca cópias de arquivos de configuração unindo a conveniência da replicação à facilidade de gerência centralizada. Servidores NIS gerenciam as cópias de arquivos de bases de dados, e clientes NIS requerem informação dos servidores em vez de usar suas cópias locais destes arquivos. É muito usado por administradores UNIX para gerenciar bases de dados distribuídas através de uma rede.

NIS+

Versão atualizada do NIS de propriedade da Sun Microsystems Inc. que provê mais recursos ao serviço e uma maior segurança.

Níveis de Execução

Também conhecidos como *run levels*, descrevem um certo estado operacional de seu sistema, e este se comporta de maneira diferente em cada nível de Execução.

NMB

Subconjunto do protocolo SMB/CIFS que se dedica a traduzir nomes de máquinas para endereços IP.

Nó

Qualquer dispositivo, inclusive servidores e estações de trabalho, ligado a uma rede, ou seja, o ponto de rede.

NOC

Network Operations Center.

Um centro administrativo e técnico que é responsável por gerenciar os aspectos operacionais da rede, como o controle de acesso à mesma, roteamento etc.

On Line

Em linha.

Você está on line quando seu computador está conectado a outro computador ou a uma rede, permitindo a troca de informações através dessa conexão.

OSI

O Open Systems Interconnection (OSI).

É um modelo conceitual de protocolo com sete camadas definido pela ISO, para a compreensão e o projeto de redes de computadores. Trata-se de uma padronização internacional para facilitar a comunicação entre computadores de diferentes fabricantes.

PAB

Perda no Assinante B.

Índice de chamadas não completadas (perdidas) no assinante B, aquele que receberia as chamadas.

Pacote

Dado encapsulado para transmissão na rede. Um conjunto de bits compreendendo informação de controle, endereço-fonte e destino dos nós envolvidos na transmissão.

Padrão V.42

O padrão V.42 não se refere a um modem propriamente, mas a uma técnica de correção de erros. O V.42 utiliza o LPA-M (Link Access Procedure Modem) como protocolo de correção de erros primário e o MNP (Microcom Networking Protocol) classes 2 a 4 como protocolo alternativo. Uma extensão deste padrão, conhecida por V.42 bis, acrescenta a técnica de compressão de dados Lempel-Zif da British Telecom, capaz de obter uma compressão de 3,5 para 1.

Padrão V.34

O padrão CCITT V.34 define um modem de 28,8 Kbps para ser usada em linhas discadas com técnicas Trellis-codificadas e outras técnicas de compressão de dados avançadas para a impulsionar a velocidade de transferência além da taxa nominal de 28,8 Kbps; quando a compressão V.42 bis é acrescentada, teoricamente é possível chegar a taxas de transferência de dados de até 115,2 Kbps.

Paridade
Método de checagem de erros na transmissão de informação por meio de bits.

Partição
Segmento do disco rígido que pode ser acessado como se fosse um disco completo.

PAT
Port Address Translation.
Sinônimo de NAPT.

Patch Panel
Dispositivo de conexão manual que permite fácil organização e remanejamento dos pontos de um cabeamento estruturado, alterando a posição do ponto sem modificação física do cabo UTP.

PCI
Peripheral Component Interconnect (Componente Periférico). . É um barramento local padrão de 64 bits, desenvolvido pela Intel®, que geralmente é implementado como um barramento de 32 bits. Pode rodar a 33 ou 66 MHz.

PCMCIA
Personal Computer Memory Card International Association (Associação Internacional de Cartões de Memória de Computadores Pessoais).
Esta organização produz padrões físicos, elétricos e de software para pequenos dispositivos, do tamanho de um cartão de crédito, que podem

conter memória, modems, placas de rede e outros componentes. Também conhecidos como *PC cards*, estes dispositivos são usados principalmente em computadores portáteis, ou seja, notebooks.

PDC

Primary Domain Controller –(Controlador Primário de Domínio).
O banco de dados SAM mantido por este computador é o "que vale" para todo o domínio. Os BDCs consultam periodicamente este computador para obter dele o SAM e/ou as últimas alterações.

Permissão

Conjunto de identificadores que controlam o acesso aos arquivos. No Linux, as permissões são controladas por três campos: usuário (acesso do dono dos arquivos), grupo (acesso de um grupo a um conjunto de arquivos) e outros (todos aqueles que não se encaixam em nenhum dos casos anteriores). Cada campo possui um conjunto de três bits (acesso à leitura, escrita e execução).

Pine

Programa cliente de mail ("leitor de mail") baseado em texto e cliente de news. Ele é dirigido tanto para novatos como para usuários experientes. Inclui um editor fácil de usar - *pico* - para compor mensagens.

Ping

Packet Internet Groper.
É um programa usado para testar o alcance de uma rede, enviando a nós remotos uma requisição e esperando por uma resposta.

Pipe

O sinal "|" representa o pipe. Ele indica uma conexão entre a saída de um programa e a entrada de outro programa sucessor, sendo que o resultado do primeiro programa é o dado de entrada do seguinte. Estes programas são separados pelo sinal de pipe.

PIR

Ponto de Interconexão de Redes.

Locais previstos para a interconexão de redes de mesmo nível *(peer networks)*, visando assegurar que o roteamento entre redes seja eficiente e organizado. No Brasil, os três principais PIRs estão previstos em Brasília, Rio de Janeiro e São Paulo.

Pixel

Picture element (Elemento de imagem).
A menor unidade que pode ser endereçada na tela. Quanto maior for a resolução (quanto mais linhas e colunas de pixels), tanto mais informação pode ser exibida.

Plug-In

Programa adicional instalado em seu browser para ampliar seus recursos. Exemplos: Shockwave Flash, Real Audio, VDO e outros.

PoP

Ponto de Presença de uma espinha dorsal de rede. Local onde uma rede permite acesso a sub-redes e a provedores de serviços. Uma rede madura cobre sua região de atuação através de pontos de presença nas principais cidades/distritos dessa região: interligados por um conjunto de linhas dedicadas, compondo um *backbone*.

POP

Post Office Protocol.
Protocolo usado por clientes de correio eletrônico para manipulação de arquivos de mensagens em servidores de correio eletrônico.

Porta

1. Uma abstração usada pelo protocolo TCP/IP para distinguir entre conexões simultâneas para um único host destino. O termo também é usado para denominar um canal físico de entrada ou de um dispositivo.

2. É um ponto de conexão. A comunicação numa rede IP, por exemplo, se dá através de portas. Existem ao todo 65.536 portas disponíveis para conexão em cada endereço IP. Algumas portas são de uso conhecido, como a porta 80, que é usada por todo acesso à web. Veja na seção de links a relação de portas conhecidas.

POSIX

Interface de Sistemas Operacionais Portáveis.
Um conjunto de padrões que cresceram fora do sistema operacional UNIX.

Postmaster

E-mail do responsável pelo correio eletrônico de uma instituição.

PPP

Um dos protocolos mais conhecidos para acesso via interface serial, permite que um computador faça uso do TCP/IP através de uma linha telefônica convencional e um modem de alta velocidade. É considerado o sucessor do SLIP, por ser mais confiável e eficiente. O protocolo ponto a ponto PPP, ou Point-to-Point Protocol, é semelhante ao SLIP, no sentido de que pode estabelecer uma conexão direta, porém temporária, com a Internet, usando um modem e uma linha telefônica. O PPP propicia também conexões de roteador para roteador, host para roteador e host para host, bem como um método automático de atribuir um endereço IP de modo que usuários móveis possam se conectar à rede em qualquer ponto.

PPPoE

Point-to-Point over Ethernet (RFC 2516).
Trabalha sobre Ethernet e oferece autenticação para conexão (CHAP ou PAP). Além disso, resolve problemas de limitações de IPs usando DHCP e soluciona o problema de broadcasts, fornecendo apenas o meio físico de acesso à internet.

Processo

Também chamado muitas vezes de *job*, um processo pode ser considerado uma instância de um programa ou de um comando em execução em um sistema Linux.

Prompt

É o local onde o usuário digita comandos em um sistema operacional, em um shell (veja Shell). Geralmente, possui variáveis com o nome do usuário, o nome da máquina, o diretório atual e outros dados que podem ser configurados. Quando o prompt reaparece após a execução de um comando, significa que o sistema está pronto para uma nova entrada.

Protocolo

Uma descrição formal de formatos de mensagem e das regras que dois computadores devem obedecer ao trocar mensagens. Um conjunto de regras padronizadas que especificam o formato, a sincronização, o seqüenciamento e a verificação de erros em comunicação de dados. O protocolo básico utilizado na Internet é o TCP/IP, ou seja, um conjunto de regras que permitem a transferência de dados entre computadores.

Provedor de Acesso

Empresa que oferece conexão à Internet.

Provedor de Informação

Instituição cuja finalidade principal é coletar, manter e/ou organizar informações *on-line* para acesso, através da Internet, por parte de assinantes da rede. Essas informações podem ser de acesso público incondicional, caracterizando assim um provedor não-comercial ou, no outro extremo, constituir um serviço comercial em que existem tarifas ou assinaturas cobradas pelo provedor.

Provedor de Serviço

Pode ser tanto o provedor de acesso quanto o de informação.

QuickConnect

Este é mais um recurso suportado pelos modems V.92, que consiste num handshake cerca de duas vezes mais rápido que o dos modems de 56K V.90. O handshake é o processo de negociação realizado pelos modems antes de estabelecer a conexão em que são analisadas as condições da linha (o barulhinho de conexão que conhecemos bem). Os modems V.92 são capazes de armazenar as condições da conexão anterior, eliminando a necessidade de realizar todos os testes a cada conexão. Graças ao QuickConnect, o handshake demora apenas 13 ou 15 segundos, em oposição aos 25 ou 27 segundos dos modems V.90.

Quilobytes

Veja Kbyte.

Rack

Equipamento em forma de armário que armazena os diversos dispositivos de controle de rede (como hubs, lpatch panels e D.I.O.s) que são encaixados como gavetas.

RAM

Random Access Memory (Memória de Acesso Randômico).
Memória utilizada para manter programas enquanto estão sendo executados, além dos dados que estão sendo processados. Por exemplo, os dados são perdidos caso haja falha na energia (isto quer dizer que a RAM é *volátil*).

RDSI

Rede Digital de Serviços Integrados.
Padrão de comunicação internacional para transmissão de dados digitais a 64kbps. O RDSI usa comutação de circuitos para seus dois canais a 64 kbpc, os canais B e um canal separado, chamado D, para controle dos sinais.

Rede

1. Conjunto de computadores interligados entre si e a um computador principal, o servidor. No caso da Internet, são vários servidores interligados em todo o mundo.

2. Estrutura criada para interligar computadores, permitindo que haja intercâmbio de informações entre eles e compartilhamento de recursos.

Repetidor

Um dispositivo que propaga (regenera e amplifica) sinais elétricos em uma conexão de dados, para estender o alcance da transmissão, sem fazer decisões de roteamento ou de seleção de pacotes.

Reply

Resposta dada a um e-mail recebido.

Resolução

Número de pixels usados para capturar ou exibir uma imagem. A resolução VGA padrão é 640 pixels na horizontal e 480 na vertical. O Super VGA (SVGA) trabalha com valores de 800x600 e 1024x768. Há quem chame de SSVGA as resoluções acima de SVGA, como 1600x1200. Quanto maiores os números, maiores os detalhes da imagem.

RFC

Request For Comments.
RFCs constituem uma série de documentos editados desde 1969 e que descrevem aspectos relacionados com a Internet, como padrões, protocolos, serviços, recomendações operacionais etc. Uma RFC é, em geral, muito densa do ponto de vista técnico.

RHCE

Red Hat Certified Engineer.
Uma das certificações mais cobiçadas entre os profissionais de Linux. Existe no Brasil desde setembro de 2002.

Ring

Topologia de rede na qual as estações são conectadas umas às outras fechando um anel.

RIP

Routing Information Protocol.
Protocolo de Roteamento em TCP/IP e NetWare usado para identificar todas as redes, bem como o número de saltos (hops) de roteamentos necessários para chegar até eles.
Muito usados para propagarem suas rotas aos demais roteadores.

RJ -11

Tipo de conector para telefonia em cabos UTP, de fácil manuseio e instalação.

RJ- 45

Tipo de conector para dados em cabos UTP, de fácil manuseio e instalação.

Rlogin

Remote Login (Acesso Remoto*)*.
Comando que fornece acesso a uma máquina remota através da Internet, como se você estivesse trabalhando na máquina remota.

ROM

Read-Only Memory (Memória Somente para Leitura).
É utilizada para guardar programas que precisam ser utilizados após o computador ser desligado. O BIOS é guardado na ROM.

Root

É o usuário que possui acesso a todos os recursos do sistema, sem restrições. Normalmente, é utilizando somente pelos administradores para a manutenção do sistema. É chamado também de *superusuário*.

Roteador

Também conhecido como Router. Dispositivo que permite a interligação de vários segmentos de rede. Muito utilizado em redes WAN, pois permite a interligação de duas redes em lugares distantes por meio de telefone, sinal de rádio ou satélite.

RPM

Red Hat Package Manager (Gerenciador de Pacotes Red Hat*)*.
É o programa utilizado para a manipulação de pacotes (com extensão .rpm).

SAM

Banco de dados + protocolo de gerenciamento de domínios.

O banco de dados armazena as mais diversas informações sobre um domínio, a maioria delas geralmente relacionada com permissões de usuários. Esse banco de dados é mantido pelo PDC e pelos BDCs.

O protocolo é uma classe de RPC. Portanto, é "empilhado" sobre o DCE/RPC.

SAN

Rede de alto desempenho utilizada para ligar computadores em pequenas distâncias com taxas de transferência na ordem de Gps.

Screened Host

Um host em uma rede atrás de um screening router (filtra pacotes). O grau a que um host selecionado pode ser alcançado depende das regras da seleção no router.

SCSI

Small Computer System Interface (Pequena Interface de Sistema de Computador).

Interface padrão para a conexão de diversos dispositivos em um computador. É utilizada em discos rígidos, unidades de fita e scanners, entre outros.

Search

Busca, procura. Mecanismo de busca de informações na Internet. Cadê, Altavista, Excite, Lycos e Yahoo são muito populares.

Secure Hash Algorithm

Algoritmo que cria, a partir da mensagem original, uma assinatura digital que garante a autenticidade da mensagem.

Secure State

Condição na qual nenhum sujeito pode acessar objetos de uma maneira não-autorizada.

Security Evaluation

Uma avaliação do grau de confiança que pode ser colocado nos sistemas para a manipulação segura da informação sensível. Um tipo, uma avaliação do produto, é uma avaliação executada nas características do hardware e do software e em garantias de um produto de computador a partir de uma perspectiva que exclua o ambiente da aplicação. O outro tipo, uma avaliação de sistema, é feito com a finalidade de avaliar proteções de segurança de um sistema com respeito a uma missão operacional específica e é a etapa principal no processo da certificação.

Security Measures

Elementos de software, hardware ou procedimentos que são incluídos num sistema para satisfazer as especificações de segurança.

Security Officer

Pessoa(s) que garante(m) que os procedimentos de segurança estão de acordo com a política de segurança.

Security Perimeter

O limite em que os controles da segurança devem de fato proteger recursos.

Security Policy

O conjunto das leis, diretrizes, regras e práticas que regulam como uma organização controla, protege e distribui a informação sensível.

Security Requirements

Tipos e níveis de proteção necessários para equipamentos, dados, informação, aplicações e instalações para atender à política de segurança.

Security Requirements Baseline

Descrição dos requerimentos mínimos necessários para um sistema manter um nível aceitável de segurança.

Security Specifications

Descrição detalhada dos requerimentos de segurança necessários para proteger um sistema.

Security Test and Evaluation

Exame e análise dos procedimentos de segurança de um sistema colocados em operação para determinar o grau de segurança deste sistema.

Security Testing

Processo usado para determinar se os aspectos de segurança de um sistema foram implementados como planejado.

Senha

Um conjunto secreto de caracteres que permite que um usuário possa acessar um arquivo, computador ou programa. Em um sistema multiusuário (o Linux, por exemplo), cada usuário deve digitar sua senha antes de entrar nele. Isto auxilia a segurança do sistema, pois evita acessos não-autorizados à máquina.

Senhas Sombra

Normalmente a senha de cada usuário é guardada criptografada no arquivo /etc/passwd. Este arquivo deve possuir acesso de leitura para todos os usuários. Isso pode significar que as cópias das senhas criptografadas podem ser facilmente obtidas, permitindo o uso de programas de quebras de senha. Senhas sombra, por outro lado, arquivam senhas criptografadas em um arquivo totalmente protegido, /etc/shadows, tornando o acesso muito mais difícil.

Sensitive Information

Refere-se às informações que divulgadas, modificadas ou destruídas sem autorização provocarão danos a alguém ou a uma organização.

Serial ATA

A tecnologia Serial ATA (SATA), como o próprio nome indica, é serial, eliminando assim os problemas de interferência. São menores e mais rápidos que os discos ATA/IDE atuais. São mais fáceis de instalar e não é necessário ajustar jumpers, basta que a placa mãe suporte a tecnologia.

Servidor

Micro designado para gerenciar uma rede, organizando a transmissão de dados entre os microsg de uma empresa e para fora dela, além de armazenar bancos de dados e controlar o acesso de informações confidenciais. Uma rede pode ter mais de um servidor.

Servidor Web

Central que fornece informações quando se faz uma pesquisa na Internet utilizando um browser.

SGML

Standard Generalized Markup Language.
Linguagem genérica para formatação de documentos. O XML corresponde a uma versão reduzida do SGML aplicado somente à web.

Shareware

1. Software distribuído gratuitamente por determinado período. Depois de um período inicial de testes, espera-se que o usuário envie um pagamento aos autores do programa para continuar a utilizá-lo.
2. Programa disponível publicamente para avaliação e uso experimental, mas cujo uso em regime pressupõe que o usuário pagará uma licença ao autor. Note-se que shareware é distinto de freeware, no sentido de que um software em shareware é comercial, embora com termos e preços diferenciados em relação a um produto comercial "ortodoxo".

SHF

Super High Frequency.
Microondas da faixa de 3 GHz a 30 GHz.

Sistema de Arquivos

É o método de armazenamento das informações no disco rígido. Diferentes sistemas operacionais usam diferentes sistemas de arquivo, dificultando um pouco o compartilhamento do conteúdo. Em sua maioria, os sistemas de arquivo são estáticos, mas outros são dinâmicos, como o sistema de arquivos /proc, que produz os dados dinamicamente a partir dos dados disponíveis no kernel.

Sistema de Janelas X

Chamado muitas vezes de Sistema X ou apenas X *(X Window System)*, consiste em uma coleção de programas, protocolos e rotinas que organizam e mantêm a interface gráfica para o usuário. O protocolo X permite que aplicações possam rodar tanto na máquina local como através da rede, provendo flexibilidade em implementações cliente/servidor.

Sistema Operacional

Software que controla o funcionamento de um equipamento computacional.

Site

1. Espaço ou local de uma empresa ou instituição na Internet. Um site é composto por uma Home Page e várias outras páginas.
2. Uma instituição onde computadores são instalados. Pode ser uma filial de uma empresa, então falamos aquele site.

SLDD

Serviço por Linha Dedicada para Sinais Digitais.
Usada para interligação de dois até cinco equipamentos de comunicação de dados.

SLIP

O protocolo Internet de linha serial SLIP, ou Serial Line Internet Protocol, é usado para executar o protocolo IP em conexões telefônicas usando os modems descritos nos parágrafos anteriores. O SLIP permite estabelecer uma conexão direta, porém temporária, com a Internet, durante a qual o seu computador funciona como um host, como se ele fosse a porta na rede do host.

SMB

Novo nome dado ao protocolo NetBIOS, já bastante estendido. O SMB é inversamente compatível com computadores NetBIOS, e esforça-se bastante para manter essa compatibilidade.

Smiley

Uma "carinha" construída com caracteres ASCII e muito usada em mensagens eletrônicas para dar idéia de sentimentos ou emoções. Por exemplo, a mais comum é :-), que significa humor e ironia. Você deve girar o *smiley* 90 graus para a direita para entendê-lo.

SMTP

Simple Mail Transfer Protocol.
É o protocolo TCP/IP usado para troca de mensagens via correio eletrônico na Internet.

SNMP

Simple Network Management Protocol.
É um protocolo usado para monitorar e controlar serviços e dispositivos de uma rede TCP/IP. É o padrão adotado pela RNP para a gerência de sua rede.

Social Engineering

Um ataque baseado em enganar usuários ou administradores. Os ataques de engenharia social são realizados tipicamente, fazendo-se passar por um usuário autorizado para tentar ganhar o acesso ilícito aos sistemas. Também são feitos iludindo os responsáveis por liberação de acesso baseados na confiança.

Software

Termo usado como sinônimo para programa de computador.

Spam

É o envio de e-mails não solicitados em grande quantidade. O termo spam surgiu de um episódio da série do Monty Python, em que pessoas pediam insistentemente por spam (um produto enlatado americano). Uma pessoa que envia spams é conhecida na Internet como "spammer". O termo UCE (*unsolicited commercial email* - email comercial não solicitado) é basicamente um sinônimo de spam.

Spoofing

Tentativa de ganhar acesso ao sistema iludindo ser um usuário autorizado.

SQL

Structured Query Language (Linguagem Estruturada de Consultas). Criada pela IBM, é uma ferramenta para extrair informações de bancos de dados.

SSH
Secure Shell (Shell Seguro).
É um programa para acessar e executar comandos em máquinas remotas. Ele substitui rlogin (veja Rlogin) e rsh e provê um canal de comunicação seguro entre duas máquinas em uma rede insegura.

SSL
Secure Sockets Layer.
Protocolo para transmissão de documentos com segurança via Internet.

SymmetricAlgorithm
Algoritmo de criptografia que usa somente uma chave, tanto para criptografar como para descriptografar. Esta chave deve ser mantida secreta para garantir a confidencialidade da mensagem. Também conhecido como algoritmo de chave secreta.

Sysop
System Operator.
É a pessoa que opera e mantém um BBS.

System Security Administrator
Pessoa responsável pela segurança de um sistema de informação automatizado.

Swap
A tão conhecida Área de Troca em sistemas Linux.

Switch
Equipamento usado para conectar vários computadores num mesmo segmento da rede local. A diferença entre um hub e um switch é que o switch direciona as informações somente para os computadores destinatários, enquanto o hub direciona as informações para todos os computadores indiscriminadamente.

Tabela de Partições
Espaço em disco reservado para a definição das partições existentes.

Talk
Serviço que permite a comunicação escrita on-line entre dois usuários da Internet.

TCP/IP
Transmission Control Protocol - Internet Protocol.
Protocolo que define o processo de comunicação entre os computadores na Internet.

Telnet
Protocolo que permite conexão direta a um computador remoto. Também pode ser um programa que cria a conexão com uma máquina remota exigindo um nome de usuário e uma senha para que o acesso seja completado, para alguns tipos de serviços.

Terminal
No Linux, é um programa existente que disponibiliza a entrada de comandos interpretados pelo *bash* (veja Bash). Também pode ser a combinação de um monitor e um teclado que habilita a comunicação com o computador.

Terminal burro

É um termo utilizado para estações de trabalho que emulam um micro/servidor, ou seja, não tem processamento próprio.

TIGHT

Tipo de construção de cabos ópticos onde as fibras são fisicamente vinculadas ao elemento de tração do cabo.

Topologia Estrela

Tipo de organização de uma rede em que cada micro é ligado ao servidor por um cabo independente e a organização do envio de informações é feita por Hub ligado ao servidor. Permite o uso de Cabeamento Estruturado, atinge grandes velocidades, tem manutenção fácil e é flexível.

Torno de Deposição

Equipamento usado para confecção da pré-forma. No processo MCVD, o torno é dotado de garras que prendem o tubo de sílica, coloca-o em movimento de rotação uniforme e injeta em seu interior os cloretos que serão depositados por oxidação. É também dotado de queimadores que percorrem por diversas vezes o tubo, elevando a temperatura para provocar a deposição.

Torre de Estiramento

Equipamento usado para estirar o bastão de pré-forma, transformando-o em fibra óptica. É dotado de uma cabeça em que a pré-forma é aquecida até adquirir uma consistência "pastosa", e de um sistema de tracionamento, que controla o diâmetro da fibra estirada. É o mesmo que torre de puxamento.

Transceiver

1. Dispositivo utilizado na conexão física de um nó a uma rede local. Transferência de arquivos. Cópia de arquivos entre duas máquinas via rede. Na Internet, implantada e conhecida por FTP

2. Dispositivo que transmite e recebe informação de um computador para uma conexão de rede.

Transceiver Óptico

Dispositivo eletrônico que transforma sinais digitais provenientes de uma fibra óptica em sinais balanceados de 8 vias (RJ 45) para acoplamento de HUBs.

Transferência de Arquivos

Cópia de arquivos entre duas máquinas via rede. Na Internet, implantada e conhecida por FTP.

CAPÍTULO U

Unidade de Rack.

Unidade de espaço vertical disponível entre as colunas do rack. Como a largura é padrão, o espaço vertical é o que determina quantos equipamentos você pode instalar. Uma unidade de rack (1U) vale 4,445 cm.

UDMA

Ultra Direct Memory Access.
Tecnologia de HD correspondente à Ultra ATA, embora com formas de referência diferentes. No caso do UDMA, informa-se o modo: UDMA 2, ou modo 2 (Ultra ATA/33); UDMA 3(Ultra ATA/44); 4 (Ultra ATA/66); 5 (Ultra ATA/100).

UDP

User Datagram Protocol.
O protocolo de transporte sem conexão da família TCP/IP, usado com aplicações como o de gerenciamento de redes (SNMP) e de serviço de nomes (DNS).

UID

User ID (Identificador de Usuário). Trata-se de caracteres numéricos pelos quais um usuário é identificado em diversas partes de um sistema Linux.

UNIX

Conjunto de sistemas operacionais similares ao Linux e que consistem basicamente em um kernel, um shell e aplicações.

Unzip

Programa que descompacta arquivos com extensão .zip.

Upgrade

Atualização de um software (versão mais recente) ou de um computador (configuração).

Upload

1. Transferência de arquivos de um computador para outro.
2. Termo usado para designar o processo de envio de informações de um computador para uma rede.

URL

Uniform Resource Locator.
Sistema de endereçamento usado em toda a Web. Exemplo: http://www.lunardi.biz

UUCP

UNIX-to-UNIX CoPy.
É uma coleção de programas para intercomunicação de sistemas UNIX. Possibilita transferência de arquivos, execução de comandos e correio eletrônico.

VCI

Virtual Circuit Identifier.

É uma informação utilizada juntamente com o VPI para fazer o roteamento numa rede ATM. No caso da Telefônica, o VCI é 35.

Veronica

Very Easy Rodent-Oriented Net-wide Index to Computerized Archives.

Ferramenta para pesquisa no *GopherSpace*, o conjunto de servidores Gopher disponíveis na Internet.

VHF

Very High Frequency.

Microondas da faixa de 300 MHz a 3 GHz.

Vírus

Programa de computador feito para destruir outros programas ou arquivos específicos. Pode causar um prejuízo irreparável. O anti-vírus é um programa que detecta e elimina os vírus.

VPI

Virtual Path Identifier.

É uma informação utilizada juntamente com o VCI para fazer o roteamento numa rede ATM. No caso da Telefônica, o VPI é 8.

VPN

Virtual Private Network.

É um arranjo de computadores que podem ser vistos como participando de uma rede privada, embora existam outros computadores no ambiente. De uma outra forma, podemos dizer que uma VPN é um domínio de broadcast.

W-CDMA

Wideband CDMA.

Tecnologia que implementa alta velocidade nas redes celulares para a terceira geração da telefonia sem fio. O W-CDMA pode alavancar a transmissão de voz, vídeo, informações e imagens para 2 Mbps.

Waffle

Um programa que possibilita a um BBS tornar-se um site Usenet.

WAIS

Wide Area Information Server.

É um serviço de bases de dados distribuídas acessíveis via Internet, cuja principal peculiaridade é a conversão automática de formatos para visualização remota de documentos e dados.

WAN

1. Wide Area Network (Rede de Grande Área). Definida por uma rede de computadores ligada por meios de comunicação de longa distância, como, por exemplo, sinais de rádio, L.P.s (linhas privadas) e até mesmo satélites. 2. Rede de longa distância. 3. Uma rede que interliga computadores distribuídos em áreas geograficamente separadas.

WAP

Wireless Application Protocol.
É um ambiente wireless caracterizado por uma arquitetura de protocolos definida para acesso à internet por dispositivos móveis, tais como celulares e PDAs.

WDM

Wavelength Division Multiplexing.
Sistema de multiplexação em que diversos canais são alocados em comprimentos de onda diferentes para transmissão por uma mesma fibra. É o sistema que atualmente permite maior capacidade de transmissão.

Web

É uma forma de transmissão de informações com recursos de multimídia através da estrutura física da Internet. Começou em março de 1989, com Tim Berners Lee, do European Laboratory for Particle Physics (mais conhecido como CERN), quando ele propôs um novo conjunto de protocolos para um sistema de distribuição de informações da Internet [66]. Neste momento, surgiu o protocolo da WWW, que foi rapidamente adotado por outras organizações e foi constituído um consórcio de organizações, chamado 3W Consortium (liderado pelo MIT, CERN e pelo INRA). Este consórcio uniu seus recursos para prosseguir com o desenvolvimento de padrões WWW. O NCSA (National Center for Supercomputing Applications) assumiu o projeto para o desenvolvimento de um aplicativo gráfico de fácil utilização que iria estimular o desenvolvimento comercial e o suporte à WWW, lançando em 1993 o primeiro browser (Mosaic) nas plataformas Unix, Macintoch e Microsoft Windows. Sinonímia: WWW, W3, World Wide Web
(veja também WWW).

Weca

Wireless Ethernet Compatibility Alliance, antigo nome da Wi-Fi Alliance.

WHOIS

Banco de dados de informações sobre domínios, redes, hosts e pessoas, fornecendo um serviço de diretório de usuários da Internet.

WINS

Protocolo de resolução de nomes para endereços IP. É a mais importante extensão ao protocolo SMB, pois permite uma operação "limpa" em ambiente de inter-redes.

Wireless

Ambiente de rede sem fio.

Workgroup

Grupo de trabalho.
Um grupo de trabalho é uma coleção de máquinas que implementam o protocolo NetBIOS. Não existe hierarquia de máquinas dentro de um grupo de trabalho. Cada computador é dono e responsável por seus próprios recursos. Não existe gerenciamento centralizado de usuários, senhas ou permissões.

WORM

Write Once Read Many.
1. Ferramenta de busca na rede Web; 2. Verme, programa que, explorando deficiências de segurança de hosts, logrou propagar-se de forma autônoma na Internet na década de 80.

WPA

Wi-Fi Protected Access.
É um padrão consensual de segurança adotado pela empresas para redes 802.11. Foi recentemente incluído num UPGrade para Windows XP.

Espere-se que o WPA seja ratificado num futuro padrão oficial, o IEEE 802.11i.

WWW
World Wide Web, ou Web.
Meta-rede, baseada em hipertextos, que integra diversos serviços Internet através de uma interface que possibilita o acesso a informações multimídia.

X.121
Sistema de numeração internacional para redes públicas de dados.

X.21 bis
Recomendação ITU que governa a Interface entre DTEs e modems síncronos série V em redes telefônicas públicas.

X.21
Padrão ITU que governa a Interface entre DCEs e DTEs para operação síncrona em redes públicas de dados.

X.25
Protocolo síncrono WAN usado em redes pacotes como a RENPAC para interligar redes LAN. Tem encapsulamento HDLC e faz uma série de consistências que degradam um pouco a performance no tráfego de dados, baseando-se, pois, em um meio físico de comunicação não-confiável.

X.400
Um protocolo que especifica serviços do tipo *store-and-forward*, sendo o serviço de correio eletrônico *Message Handle System* (MHS) o mais conhecido deles, como parte das recomendações OSI/ISO.

X.500

É um padrão ITU-TSS/ISO para serviços de diretório eletrônico.

XFree

XFree é uma implementação livre do Sistema de Janelas X, utilizado no Linux.

XML

Sigla de eXtended Markup Language. Linguagem de descrição de páginas extensível e personalizável que pretende colocar um fim nos problemas de dialetos incompatíveis de HTML; uma espécie de HTML estendido que está sendo desenvolvida pela W3C. Essa linguagem permite que o designer de páginas Web crie tags próprias não existentes no HTML. Com o XML pode-se criar links apontando para mais de um documento, diferentemente do que ocorre com os links do HTML, que sempre se referem a um endereço único.

Xterm

Terminal X, utilizado em interfaces gráficas para emular um terminal no Linux.

Yagi

É uma antena de grande potência que pode ser usada tanto para transmitir sinais por distâncias relativamente grandes quanto para captar sinais fracos que antenas menores não seriam capazes de captar. As antenas Yagi medem cerca de 50 centímetros, custam cerca de 200 dólares e são usadas em algumas tecnologias de rede sem fio, algumas das quais permitem conexões a distâncias de até 2 km.

Ymodem

Protocolo de transferência de arquivos idêntico ao Xmodem-1k mais tranferência de arquivos em batch (também conhecido como Ymodem batch).

YUG

Descreve a luminância analógica e sinais de diferenças de cores em sistema de vídeo composto. Y é a luminância, U e V são os eixos de modulação das duas subportadoras no sistema de codificação de cores PAL.

ZAW

Zero Administration for Windows.

Uma coleção de utilitários desenvolvida pela Microsoft que visa diminuir o trabalho dos administradores de rede, permitindo atualizar programas das estações a partir de qualquer ponto da rede, por exemplo.

Zettabyte (ZB)

Medida de armazenamento que corresponde a 2^70 bytes. Equivale a 1.024 Exabytes, 1.048.576 Petabytes, 1.073.741.800 Terabytes etc.

Zmodem

Protocolo de Transferência de arquivos capaz de lidar com linhas ruidosas e condições de transmissão variáveis. Ele envia o nome do arquivo, data, tamanho e usa blocos de comprimento variável com correção de erro tipo CRC.

Zona

Sub-rede lógica de uma rede AppleTalk.

Zoom Digital

Este tipo de zoom apenas muda a forma de apresentação da imagem. A porção central da figura é exibida em resolução menor na área total que ela ocupa, dando a impressão de que foi ampliada.

Impressão e Acabamento
Gráfica da Editora Ciência Moderna Ltda.
Tel. (21) 2201-6662